THIS NOTEBOOK
BELONGS TO

NOTEBOOK

NOTEBOOK

NOTEBOOK

NOTEBOOK

NOTEBOOK

NOTEBOOK

NOTEBOOK

NOTEBOOK

NOTEBOOK

NOTEBOOK

NOTEBOOK

NOTEBOOK

NOTEBOOK

NOTEBOOK

NOTEBOOK

NOTEBOOK

NOTEBOOK

NOTEBOOK

NOTEBOOK

NOTEBOOK

NOTEBOOK

NOTEBOOK

NOTEBOOK

NOTEBOOK

NOTEBOOK

NOTEBOOK

NOTEBOOK

NOTEBOOK

NOTEBOOK

NOTEBOOK

NOTEBOOK

NOTEBOOK

NOTEBOOK

NOTEBOOK

NOTEBOOK

NOTEBOOK

NOTEBOOK

NOTEBOOK

NOTEBOOK

NOTEBOOK

NOTEBOOK

NOTEBOOK

NOTEBOOK

NOTEBOOK

NOTEBOOK

NOTEBOOK

NOTEBOOK

NOTEBOOK

NOTEBOOK

NOTEBOOK

NOTEBOOK

NOTEBOOK

NOTEBOOK

NOTEBOOK

NOTEBOOK

NOTEBOOK

NOTEBOOK

NOTEBOOK

NOTEBOOK

NOTEBOOK

NOTEBOOK

NOTEBOOK

NOTEBOOK

Made in United States
Orlando, FL
25 October 2024

53076550R00065